Cecilia Glanzmann

Desde la Piel Interior del Corazón

Cecilia Glanzmann

Desde la Piel Interior del Corazón

Desde la Piel Interior del Corazón

JustFiction Edition

Imprint
Any brand names and product names mentioned in this book are subject to trademark, brand or patent protection and are trademarks or registered trademarks of their respective holders. The use of brand names, product names, common names, trade names, product descriptions etc. even without a particular marking in this work is in no way to be construed to mean that such names may be regarded as unrestricted in respect of trademark and brand protection legislation and could thus be used by anyone.

Cover image: www.ingimage.com

Publisher:
JustFiction! Edition
is a trademark of
International Book Market Service Ltd., member of OmniScriptum Publishing Group
17 Meldrum Street, Beau Bassin 71504, Mauritius

Printed at: see last page
ISBN: 978-620-0-49042-1

Desde la piel interior del corazón

Cecilia Glanzmann

Obra escogida

(seleccionada especialmente por la autora para esta edición)

Palabras de la autora

Desde la piel interior del corazón es "Obra escogida- Seleccionada especialmente" (por mí) , para cuando fue publicada de modo artesanal y dentro de un proyecto cultural colectivo , en Ediciones El Piche Cartonero, en 2018, en la ciudad de Trelew, provincia del Chubut, en Patagonia argentina.

Hoy encuentra su nueva vía de llegar a lectores a través de EAE(Editorial Académica Española). Mi gratitud a Victoria Gheorgina, por invitarme y por su gran ayuda para que este libro, por *on line* vea la luz.

Y expreso mi enorme gratitud a todo el "equipo" de "El Piche Cartonero" que coordinó en Trelew la primera edición de *Desde la piel interior del corazón.* A su Coordinador General, profesor **Antonio Carrasco**. Al Editor Colaborador , escritor y periodista , responsable también del prólogo y del armado especial del material literario, **Sergio Pravaz.** A los Recuperadores urbanos de Trelew, de la Federación de Cartoneros de Chubut. A los niños, alumnos de primer ciclo y a los del taller de literatura de la Escuela Pcial. No. 173 , autores del diseño y realización de tapa (cada una, creación única de un niño, sobre cartón). A sus docentes y bibliotecaria. A las jóvenes del grupo de "El Piche Cartonero" que estuvieron en todos los pasos, igual que Antonio Carrasco y Sergio Pravaz. Ellas armaron uno por uno cada libro. Gratitud a cuantos intervinieron en la lectura y recreación y en las presentaciones de esta obra en diferentes lugares de Trelew y de Chubut y de Argentina.. Esto fue en actos especiales, en las Ferias Provinciales del Libro de Gaiman y de Comodoro Rivadavia. Y en la Feria Internacional del Libro de Buenos Aires del año 2018 ,en la Sociedad Argentina de Escritores, por un grupo de alumnos de la Escuela de nivel medio No 724, junto con sus profesores guías , Marcelo Enrique López y Élida Centeno .

Esta Obra Escogida me brindó una experiencia muy única en todo el proceso desde el cartón recuperado al libro y a su difusión y llegada a distintos lectores. A todo lo viví con intensidad y alegría. Un ejemplo de valores y de tarea compartida entre distintos hacedores de la comunidad y del arte y la literatura.

Ahora… *Desde la piel interior del corazón* toma nuevas alas para viajar por el planeta a través de las redes, que Editorial Académica Española hace posible. ¡ Gracias!

Cecilia Glanzmann

Obra escogida (Prólogo)

En algunas ocasiones se nos alborotan los sentidos, se cruzan de vereda, levantan el tono de su voz, pasan el semáforo en rojo, no escuchan a la razón que se desespera como una tía vieja que gruñe, y son bien capaces de atropellar a lo Quijote cuanto molino, luna o palabra se atraviese por su camino. Sobre todo palabras, frases, imágenes, se las llevan por delante, sin pudor y con alta determinación. Si aparece un modo de decir que puede cautivar, ellos atropellan; una metáfora que logra resumir la extraordinaria historia de una sensación, y ellos se la desayunan con paciencia y con arrojo. Los sentidos siempre proceden del mismo modo. Tres palabras se sonríen, hacen alianza y ahí aparecen ellos, perturbados y resueltos. Todo absorben e incorporan desde todas latitudes. Manufacturan toda esa abundante información entre el alma, el corazón, los nervios, los tendones, el estómago y cuando logran hacer una carambola con el esternón y la clavícula, recién ahí pasa derecho a la razón que intenta clasificar y dar un poco de orden un tanto angustiada, por cierto, ante tanto movimiento de la creación. Ese es uno de los infinitos modos de proceder para la gestación del arte. Y para la poesía, bueno, ahí ya son otros los elementos que se suman para tal prodigio, tal vez el escalón más alto que la humanidad pueda ofrendar luego de un viaje tan largo que comienza exactamente cuando bajamos de los árboles y nos erguimos sobre nuestras piernas para recorrer fascinados la enorme extensión de la sabana. Tal vez allí nació la poesía, en ese mirar lejos y absortos ante la inmensidad, solo que aún no estábamos preparados para ella.

Usted lector pose sus ojos sin dudar sobre esta poesía glanzmaniana, porque más allá del paladar y su diversidad inclasificable, usted está sobre una literatura concreta cuya raíz se encuentra refrendada por una activa e indetenible práctica sostenida a lo largo de toda una vida.

Estos versos de Cecilia Glanzmann, que fueron reunidos especialmente por la autora en este volumen "Desde la piel interior del corazón", para la editorial El Piche Cartonero, surgieron al calor de los increíbles procesos que solo conocen los sentidos, de modo que dese por avisado amigo lector y arrójese sin vacilar sobre el cuerpo de letras que lo espera; sin dudas le proveerá un tipo de aventura que no podrá hallar con otro modo de lectura. Solo la poesía es capaz de un suceso semejante.

-Sergio Pravaz-

“Aún en el sueño más profundo, saber que eres tú. Y más aún: oír el sonido de tu corazón. Y besarlo”.
-Marina Tsvietáieva-

En el pan que amasamos

Amar es el verbo que leuda la alianza y el árbol
en el pan que amasamos en el río de Heráclito.
En la geometría elástica en todo elemento
el amor
es el verbo.

Persistir

He de persistir
como el faro aquel de nuestras costas,
enhiesto, solitario,
arrullado por las tempestades
y los soles.

He de persistir
con mi valija de gnomos,
guardianes desde siempre, de mis sueños
los sueños que caminan y caminan
con los haceres que me dicta el alma,
cotidianos
y que son los que me susurra
el ser.

He de persistir
con la soledad acompañada,
que agradezco
con el acompañar a la soledad de los otros,
con la pura soledad que me conversa
y me encuentra, bien adentro,

he de persistir,
aunque me canse
en este acelerado desasirse de los lazos,
desasirse de los nudos,
de los enredos promiscuos del apego.

He de persistir,
contigo, hermano, en este tiempo.

Antonio Machado

Ah, Machado,
el recordado Antonio Machado castellano,
tuviste tus encinas y tus chopos,
tu frescor del Duero
y las colinas de embrujo castellano
como yo
mis estrellas mesetarias.

Ni castellano tú
ni patagónica yo
y tan hijo de Castilla has sido y eres
como yo lo soy de mi sur costero americano.

Pero, ¿sabes?
el viejo río conoce de secretos
        y me ha dicho
que es un espejo de lunas el arraigo.
Tus chopos y encinares
se me han vuelto mis mesetas cotidianas,
tus colinas... mis bardas,
tu Duero... mi Chubut amado
        y el Tercero de mi Córdoba añorada,
y el aroma puro de las soledades castellanas
        este mismo de mi pampa y mi meseta.
Es un espejo de lunas el arraigo.

Soy

Soy un hilo de agua hecho torrente,
exterior y subterráneo,
soy corriente alfarera del granito,
soy grano de arena del todo inacabado.
El agua es casi el todo
y el hilo todo voz mordiendo el universo
es casi nada.
Y soy.

“Qué mundos tengo dentro del alma que hace tiempo vengo pidiendo medios para volar”.
-Alfonsina Storni-

Melodía de silencio

Hay una melodía del silencio
mágica y sublime
en este suelo...

surge de las aguas que rielan su murmullo
en las arenas del Atlántico sureño,

juega en los canales de las chacras
girando con las norias valletanas,

corre contra el viento hacia el oeste
montando en maras y avestruces,

y sube zigzagueante por los ríos,
        esas distanciadas nervaduras
en la piel curtida
        que suponen mansa
    los extraños...

Hay una melodía chubutense
vibrando.

Un espacio para tu sed

Si tienes sed de espacio
aleteará tu asombro
entre bardas y estepas,
entre cerros con nieve y sin nieve,
entre lagos con glaciares como faros de eternidad…

Si tienes sed de espacio
escucharás el corazón vegetal
entre alerces, pinares, arrayanes...
entre ñires, coihues, canelos...

te atrapará más el asombro
entre los pastos amarillos, verdes, rojizos, marrones
al igual que las matas,
sentirás que tus sentidos juegan a la rayuela
entre el arco iris que vive en los lupinos y mutisias,
entre las florecillas silvestres y los rosales...

Si tienes sed de espacio
cantará tu alma
entre el mar y sus playas de horizontes abiertos,
entre la tierra y el cielo
y también
entre los rebaños como pedacitos de nubes en tanto campo...

Si tienes sed de espacio para ser en el hacer,
será porque desde ti bebiste el amor del arraigo
o quizás porque lo anhelas...

Para tu sed... este espacio vivo de cósmica paz
sabe de esperanzas, cobijo y esperas.
En su Argentina es tierra patagónica que aún espera.

Juglares del silencio

A los habitantes de los pueblos originarios y a los inmigrantes, en el sur argentino y en el mundo.

El silencio habita vastedades
como las de esta altiva y cósmica meseta.

A veces, un cultrún reinaugura
la cíclica plegaria,
y rogativas mapuches y tehuelches
se hermanan con la fauna perseguida
y con humanos y no humanos seres.
Se hermanan,
sobre todo
con la tierra.

A veces, el sueño de un arpa
o el de un órgano,
o el de una pianola o de un violín,
y a veces también el sueño de una guitarra
o el de un acordeón o una quena
traen otras plegarias,
y el silencio guarda los valores mancillados
de uno y otro lado de los ruegos.
A veces son coros, o apenas un suspiro.

Por las culpas ajenas, asumidas,
intentan un perdón por lo no hecho,
los que llegaron y llegan,
emigrados.

Solo son los que escuchan el silencio
como un rezo bendito de esta tierra

los que extienden sus manos
y, dando gracias,
elevan, enraizados, la esperanza,

A veces, ya más veces...
la paz late posible
sedienta de caminos.

La luna india vigila en el cielo transparente
como el agua del Chupat recién nacido,

y cada ser respira
en el regazo de la cósmica meseta
el silencio liberado.

Nuestro mar

Estás hoy manso y aceitoso,
pero no estás azul,
es gris verdoso en matices el lomo de tus aguas.
Te presiento como una pantera enorme y quieta
mirando agazapada hacia la costa,
escucho la respiración al ritmo del oleaje suave.
Un collar de algas bordan tu cautela
ante el humano que te goza,
ante el humano que te agrede.
Tu collar de algas es un relámpago de símbolos
de norte a sur
frente a mis ojos marinos y sureños, tuyos.

Te pareces hoy más a un río de llanura
a un río de embarazado cauce.
Te huelo diferente,
te acaricio buscando tu ternura de nanas
en milenios.

El horizonte comienza a iluminarse
y desde el este avanza un fulgor de escamas
tenue,
como si todos tus peces estuvieran navegando
muy quietos.
La pantera que adormilas dentro...
vigila.

Ayer, tus aguas eran un abrazo tierno.
Antes de ayer, un estallido de olas espumosas
en vaivén continuo y azulado.

Estás, mar, hablándonos
                    sin cansarte nunca
del corazón planetario
                    en ley del universo.

En Península Valdés

Admirados, asistimos a la actuación de los gaviotines y de las pardelas. Es un vuelo ritual. Como un vuelo sagrado.

Coreografía de espuma y viento,

los gaviotines zambulléndose
en remolinos de nácar
con el oleaje de la bajamar.

Remolinos de vida
en explosión
respondiendo a las tropillas de arenisca
que a zancos por la dura playa
avanzan con el Padre Viento.

Sinfonía de cantos de los pájaros,
pura melodía
y nosotros, rezando, en alabanza,
y en silencio.

Como nubes ligeras pasan, acariciando la tierra hacia el mar,
las vestiduras de arena del viento, en este recodo
patagónico atlántico.
Un paisaje egipcio, como un mundo paralelo,
aquí, en Península Valdés.

Como nubes ligeras pasan, susurrando mantras
en vibraciones tehuelches y mapuches,
en ondas que se expanden planetarias.

La creación creándose nos mueve a la plegaria.
En alabanza y en silencio.

"... con la dulzura de dormir con toda tu piel cubriéndome el costado del miedo...".
-Olga Orozco-

Te amo y me amas

Te amo y me amas
compañero de estadía.
Este amor se agiganta
con nuestro crecer humilde
aprendiendo a ser y darnos.
Este amor
tiene sabores de tierra y firmamento,
huele a lavanda y a rocío,
a crepúsculos de pétalos de rosas,
a plenilunios con ángeles muy blancos,
a mediodías con ángeles radiantes.
Este amor siente que ver es descubrir
y descubrirse día a día,
que la piel se tersa o se colorea o se eriza
al tiempo que percibe la cima de lo arcano,
ese que tiene un haz de luz
esperándonos instante a instante.
Y este amor,
oye el sinfónico pulso en el alfa y el omega,
en el silencio
cuando nos va creando
vibración única del supremo Amor.
Y te amo y me amas
en este precioso y vital encuentro.

Madre

Madre,
palabra redonda
de azahar y siembra.

Madre mía,
palabra redonda
sin fondo
sin sal,
como tu entrega
de sonrisa y pan.

Madre,
palabra redonda
sin fondo
de sol.

Alabastro de amor

A Germán, Gabriela, Ana Paula, María Valeria y Ariadna

Amados hijos:

No puedo dejar de sentirlos y de pensar en cada uno de los cinco, y en sus seres queridos. En las circunstancias felices, en los destinos de unos y otros, y en las pruebas, duras en el caso de algunos de ustedes. Les escribo estas líneas desde la piel interior del corazón…

Si tuviese en mis manos el alabastro que honra y redime, se los daría íntegro. Estaría bruñido de luz por los seres más angélicos.

Tengo sí la fe. Esta fe fortalecida en la fragua del vivir. Tengo sí la confianza en la voluntad de los que sueñan, empeñosos. Tengo sí las dimensiones del amor floreciendo en surcos infinitos, cada día. Y tengo el abrazo de Dios en el latido de las placentas liberadas, con la ternura inacabable de mi corazón de madre, bendecida por la Gracia de serlo en este mundo.

Creo hijos míos, que sí tengo el alabastro, a través de las oraciones y las lágrimas, de las sonrisas y la esperanza. Y no es mío ni de papá. Es vuestro.

Como la hierba

Nacidos como la hierba que busca el cielo
mientras sus raíces la sujetan grávidas.

Mecidos como la hierba por los aires terrenos,
pisoteados y renacidos para el sesgo.

Como la hierba,
somos los infinitos y desdoblados humanos.

Manzanas

El día crece en aluviones de manzanas.
Son tantas manzanas,
manzanas rojas y brillantes,
manzanas jugosas de dulces corrientes subterráneas
para saciar una sed inagotable.

- La sed?
- Sí, la sed.

Los días crecen con millares de manzanas
que son mordidas una y otra y otra vez,
y la respuesta cruje
y nos riegan sus jugos afrodisíacos
y cruje más.

Así me gustan las manzanas,
pero me saben a un oficio de Penélope.

Sobre el ritual de las cigarras

He visto más de una vez
a las cigarras
en las cortezas de los árboles,

cigarras, muchas cigarras
abandonando el seco transparente sobretodo marrón
desabrochado y al viento
para renacer en vuelo.

Y las he oído cantar
en las siestas del verano
hasta deleitarme y aturdirme.

Las recuerdo.

Tal vez no sea más que otra comedia
esto de sentirnos y pensarnos el ser,
igual, igual que las cigarras,
pero uno se dice
qué importa el frágil cuerpo envejeciéndose
si hemos de renacer en vuelo
como ellas.

¿O será -una se pregunta-
que nunca hemos dejado de hacerlo?.

En los niños

En el atavismo del poema
vuelan en símbolos
las grullas y los cóndores
las golondrinas, las gaviotas
y el colibrí.

Sonríen los niños
en los hospitales y en las villas,

en los pueblos encenizados por las guerras,
en los hogares que se ausentan...

Todos ya,
los niños todos
están escuchando a los pájaros.

La Tierra está pariéndose de nuevo.
Los niños sonríen y cantan.

Tránsito con peaje

Ni el día ni la hora
para ese verde límpido
de un semáforo,
quizás... inesperado.

La vida es la maravilla del hacer
en esta dimensión terrena del humano.

Presiento y oro
y orando en la acción
huelo azahares
entre un pradal de violetas
mientras los rosales pincelan las huellas
que van desdibujando las pisadas...

Y no nos es dado saber
ni el día ni la hora.
Solo andar y en el andar confiado
ir encendiendo la intuición que guiña
aunque arrecien las tormentas.

Alfilerillo de luz

En el terrón más duro de la calcinada greda
encuentro un alfilerillo de luz,
tiritando de penas y miseria
y aun soñando
con amaneceres diáfanos
en medio de la ceguera de los hombres.

En el terrón más duro
la calcinada greda me habla,

    los alfileres duelen / el dolor puede ser luz
    la paz es luz parida en los pesebres del alma...

...y hay alfilerillos de luz
sobre los genocidios
y la envidia
...y hay alfilerillos de luz
cantando a la alegría.

Ahí están,
    desde todos los silencios de los códigos
en ese terrón,
en el terrón más duro
    de la calcinada greda.

"… desde la ribera de las cenizas y los ungüentos aceitosos, de las cacerolas y los espejos veo partir las naves hacia nuevas conquistas.
-Glauce Baldovín-

Ruego

De quién es la Tierra que nos diste
esta tierra: planeta, país, parcela,
el suelo nativo y el adoptado...

¿es de los primeros que la habitaron?
¿hubo segundos que supieron respetarlos?
¿hubo primeros que supieron aceptarlos?
¿y hubo y hubo... en la noria de los tiempos?.

La lucha por recuperar derechos
habla de quebrados puentes,
de árboles heridos, de soles olvidados,
habla de un negarse a la vida
permanente,
habla de contados seres de conciencia abierta
que persisten,
que persisten.

Que la Tierra que nos diste a todos
nos contenga, Señor,
por nuestra posible madura voluntad
de convivencia.

Desamparo

El frío me desapacigua las manos,
la carne,
el embrión del ser.

Huelo el lamido del viento
sobre las espaldas del mar sobrecogido
sobre las espaldas ateridas de la gente,
    no hay para ella gas ni luz,
    los leños escasos están muy húmedos,
    las chapas se descobijan
        para encender el fuego
            en la ciudad que avanza...

El desamparo del hombre
me desapacigua las palabras
y una ironía acre
dibuja insistente
la compasión deshabitada
en este siglo veintiuno.

La compasión respira
sin embargo
en el abedul pródigo
y calienta las manos de la gente.

Contemplación

Inhalo…

lo permanente mudando
en la silla que envejece,
en el jardín que se renueva,
en el ojo del Ser
y en nuestros ojos,
la vida y la muerte que fluyen,

exhalo…

Inhalo
la danza en el universo,
el aire se entibia en la contemplación
que devela a más y más
el llamado.

Exhalo…

Desnudez

Entre la nieve que cubre todo
se espigan
como ahogados pidiendo auxilio
los árboles y las matas,
se alarga el crudo invierno
y ellos parecen espantapájaros oscuros
entre islotes blancos.

Se yerguen, ateridos,
son sombras espejándose en los pedregales.
En mis ojos
son una filmación de la humanidad.
Y uno se adentra en tantos pueblos
que se yerguen
como los árboles y las matas .

Duele el poema
para decir del silencio de olvido
sin pesadumbre de nada.

Y la nieve cubre.
Quizás la primavera descongele el corazón
de los hombres.

Espío

Espío,
espío por el pequeño ojo de la semibóveda,
casi un calco de los arcos de La Alhambra,
casi un Arco de Triunfo de París,
casi una alcantarilla del barrio,
casi una media luna en un cielo oscuro…

espío la casa del mundo:
ando por los laberínticos zaguanes
y escucho voces con arcaísmos sobrepuestos,
me habla la gente de culturas diferentes,
avanzan mis ojos
avanzan mis oídos
y es como un atisbar lo velado a la actual conciencia,

espiando busco quedarme como un ovillo de tiempo
a un costado del universo
es fugaz todo y a la vez indeleble,
espiando retrocedo ojos y oídos.

El abrazo del Arcángel me arropa
y me siento en el brocal del alma.

Redención

Que el holocausto no retorne para nadie.

No hay holocausto
si no se ciega el ser ante la energía de la Luz,
la única
para la redención de todos.

No hay holocausto, me digo
si no lo permito.

Los peldaños en ascenso se hacen más y más visibles.
Corazón y mente juntos.

No al holocausto
desde la conciencia alerta.

Despojamiento

Desnudo la palabra,
intensamente
la desnudo en todos sus ropajes,

sentir esta paz
desde la mismidad que me permito
es sentir
una línea azul ensanchándose,

y a la poesía buscándome
para darla,
para hallarla en la luz de los otros.

Aunque nuestras miserias
y el miedo
la descuajen en ríos de sangre y escombros,
la paz es pertenencia
y nos convoca
                en el poema.

Oración de gracias

Gracias, Señor, por el sol
y el mar,
y el cielo y la arena,
y los árboles y el agua,
y la castigada y bella meseta,
y la gente,
y por la posibilidad de amarla
y de ser aceptado
y de ser rechazado.

Gracias, Señor, por los amores puros
de mis afectos hondos
y por la conciencia de entrega
con que me abarcas
con que me abarco,
y por las cruces diarias con los baobabs
de Saint-Exupéry.

Gracias por estar en mí y yo Contigo.

Índice

Hoja de vida

Cecilia Glanzmann es argentina..Nació en Bell Ville (Córdoba) y reside en Trelew (Chubut) desde 1972. Es Maestra Nacional y Profesora en Letras. Ha sido Presidente de SADE Chubut, Delegada del Fondo Nacional de las Artes, Directora de Cultura de Trelew y Educadora en casi todos los niveles formales y no formales desde los 17 años. Fue fundadora de los talleres literarios de SADE Chubut, del Taller del Escritor y co-fundadora del *Grupo Literario Encuentro* y su presidenta por años. Integra varias instituciones, entre otras: ILCH de California, Fundación Argentina para la Poesía, S.A.D.E. Argentina, Gente de Letras, ILLPAT-Universidad Nacional de la Patagonia, Gorsedd, Asociación Americana para la Poesía, Academia Argentina de Lit. Infantil y Juvenil, Grupo Marta de París. Obra: 6 volúmenes de Metodología de Estudio. Cuento Infantil: *Amor de Remolacha. Un tobogán con bufanda.* Poesía: *Ecos mi voz, Territorios del ser y del instante. Y aún el bosque mágico. Hilanderos de la luz. Ritual de las cigarras. Liberándonos. Juglares del silencio-Patagonia Argentina. Del arpa del caminante. Aprendiz de pájaro.* Desde *el brocal del alma. Cuando amar es vertiente. Obra Poética 1987-2017* (ed.2018*). Con el timón de la vida (*Compiladora obra de su padre, 2018*), C.D. Poemas en su voz,* 2020 Ha sido traducida a varias lenguas. Fue Corona del Poeta en el Eisteddfod en Chubut en 4 ocasiones; Puma de Plata de la Fundación Argentina para la Poesía. Faja de Honor de la SADE . En 2010 fue distinguida como Mujer Destacada por el Gobierno del Chubut en el Día Internacional de la Mujer. La Municipalidad de Trelew la distinguió también por su permanente labor cultural. La Biblioteca Escolar de la Escuela N° 751 de Trelew lleva su nombre. En diciembre de 2018 fue declarada Ciudadana Ilustre de Trelew por el Concejo Deliberante. En 2019, Visitante Ilustre en San Miguel de Tucumán. En su ciudad natal Bell Ville, Córdoba, tuvo reconocimientos especiales de la Municipalidad en 1990 y en 2019.

E mail: ceciliaglanzmann@gmail.com, http:// cecilia-glanzmann.blogspot.com.ar/

Printed by Books on Demand GmbH, Norderstedt / Germany